BREVE MITOLOGÍA
DEL CUERPO ORIGINAL

Breve mitologia del cuerpo original
© Victoria Vaccaro García, 2025
(@victoriavaccarogarcia)

Colección dirigida por Inés Martínez García
© de la presente edición Libero Editorial, 2025
Primera edición, febrero 2025

ISBN: 978-84-126672-9-5
Imagen de cubierta: Nuria Pazos Cuadrado

Síguenos en:

facebook.com/LiberoEditorial
twitter.com/LiberoEditorial
instagram.com/Liberoeditorial

Impreso en España

Breve mitología
del cuerpo original

VICTORIA VACCARO GARCÍA

PRÓLOGO

La mitología es la pregunta abierta del sentido: individual, precisa. Cuando Victoria nació, su cuerpo atravesó las imágenes. Este libro es la respuesta de una mirada inicial —la única para escritoras como Louise Glück[1]—, de una belleza inaudita desde la misma noción del mito como principio personal hasta la capacidad de la autora de hablar un lenguaje vivo.

En el inicio se nos plantea una permanencia: «Nada ha cambiado: esa niña besando las flores del vestido de su madre, haciendo un nido en la tumba». La infancia es ese lugar en el que, como Marosa di Giorgio, se encuentra la maravilla y el horror de las imágenes que se mantienen en un eterno presente. La niñez es también el inicio de un imaginario que mira por primera vez un mundo hecho, con sus dinámicas acuosas, su niño dios de ojos pintados y sus jardines.

En el nacimiento se enciende una cicatriz en la madre y se cristaliza el deseo: de escupir lirios[2], de que «avisen que nació otra niña, otra mujer, heredera de sus cunas, de las peinetas de marfil que guardó la bisabuela».

---

1 Louise Glück, *Praderas* (1997): «Miramos el mundo una sola vez, en la infancia. El resto es memoria».

2 Emily Dickinson entregaba lirios como carta de presentación; Victoria, lectora de la poeta, vive y escribe desde esta percepción de materialidad natural.

Los objetos —el faldón celeste de los varones— trasladados a los gestos de cuidado, derraman la violencia de lo simbólico así como también la palabra que nombra.

Se expresa el hambre de un nombre que salga de los labios maternos, un nombre que no pese, que libre. Victoria, como el nenúfar gigante que se extiende en el agua, Victoria, como la posibilidad de danzar en el camisón de las hermanas en medio de la noche.

Por otro lado, son la madre, la tía, la abuela y la bisabuela quienes dirigen los rituales que sostienen la vida. Son las creadoras de significado y quienes transforman la cocina en un espacio alquímico donde el rompope es la manifestación de un mundo posible. Dice la autora: «Mamá me enseñó las íntimas revelaciones. Cuando hablaba, bordaba destinos sobre las cosas, creaba diminutas presencias que ahora deseo, como si siguieran vivas».

El bordado es el que dirige también el ritmo de la escritura. Victoria crea desde la acción precisa y meditativa que busca el patrón verdadero. Su texto o tejido preserva la memoria de su propia mitología y la de otros cuerpos en un momento siempre urgente y necesario. Se puede sentir con claridad cuando, en medio de un juego con los tesoros infantiles, arremete la realidad del contexto ecuatoriano, latinoamericano y mundial:

> «Sentí por primera vez el vientre masculino, uñas
> surcándome la espalda, arando en sangre, labios
> partidos marcando territorio. Nada más.
> Me descubrí abierta sobre nuevos lagos, poco
> profundos, de orillas discontinuas.
>
> Pagué mi cuota. Fui hecha mujer».

¿La infancia es el principio de la herida? ¿Qué pasa
después? Imágenes divinas a las que el ser se acerca
en busca de alivio y piedras preciosas, pero encuentra «un ojo de dios ennegrecido». El castigo al cuerpo
para que refleje una normativa de artefacto. La relación con lo natural como un principio salvador para
la muerte: almas que flotan sobre los limoneros, encontrar a la bisabuela en un pétalo y esconderla cerca
de la piel.

En 2022, la autora ganó el Premio Internacional de
Poesía Ana María Iza con este libro. Fue la primera vez que leí el verso «Me dijiste: cuando matas a
un cóndor, matas a un dios». En el poema, la figura
del cazador mata al símbolo patrio y con sus plumas
abriga los pies de la voz poética. El peligro de ser una
mujer trans se desborda, principalmente, en un país
como Ecuador. Es así que este gesto sugiere muchos

significados. Yo lo miro como la urgencia de arremeter contra todos quienes no arropen ni protejan la existencia.

La voz de Victoria nos abre la puerta a «los días de la eternidad», podemos sentir la iridiscencia y acompañar los ritos. También nos entrega la oportunidad de tocar los pétalos de los alhelíes en la revelación solo posible en el transparente gesto poético.

Camila Peña
Cuenca, Ecuador, 2025

Descargar cuerpos para la vida, vidas alrededor del cuerpo: soy cuerpos, nombres, viajes, retornos, espacios, tiempos. Desde los veinticinco vuelvo a los amparos de la infancia, reparando en cada vértice una palabra que salve. Nada ha cambiado: esa niña besando las flores del vestido de su madre, haciendo un nido en la tumba.

Déjame.

*

ENCIENDO tu cicatriz, mamá, muevo con las manos tu blancura, vengo con luna de medio rostro y cuernos, y constelaciones grises. Conté cada una de tus vértebras: veintiséis, viscosas, pasivas; medí tu hígado con mis deditos, veintiséis deditos; abracé tu estómago hasta sentirlo vacío. Iba a escupir lirios en tu esófago, extinguir tus ácidos, pero la noche no perdonó este meridiano. Músculo, tejido adiposo, sangre, látex, ceguedad de quirófano: tu criatura, pecado de hombre. Sí, condenada a esta esterilidad.

*

Cierra las piernas, encoge los pies, aprieta los muslos; que no se noten, mamá, abuela, hermanas, que nadie adivine mi vergüenza. Fuera de mí muevan los terciopelos, la organza, pongan espigas de nardo en los jarrones, avisen que nació otra niña, otra mujer, heredera de sus cunas, de las peinetas de marfil que guardó la bisabuela, digan, digan. Tú cierra las piernas, estruja, arranca, tiembla, tiembla, maldice, tiembla.

*

CECILIA ME VISTIÓ por primera vez con pañalitos de lino y el faldón celeste de los varones. De entre los pechos saco un frasco de aceite: me untó cabeza, boca, cualquier carne visible. Luego vinieron el resto de mujeres, cruces de olivo en mano, a encender velas de santos, a cortar crisantemos, a cantar canciones de cuna como alabanzas. ¿Acaso era su promesa, su milagro? ¿Sobrevivió su casta a los próximos siglos?

*

MAMÁ – hambre – hambre – no – ese – nombre – no –
es – mío – hambre – hambre – opácame esta muerte.

(La suntuosa carcelera me envuelve en sus brazos, me
lleva hasta mi madre en procesión, haciendo sonar
huesos y cristales)

mamá – hunde tu seno – entre los labios – quiero –
quiero – leche de éxtasis – victoria – mamá – victoria.

*

NATIVIDAD de Cristo, ídolo de roble que me mira tristón entre la paja. Hombres y mujeres enverdecen la cocina, la mesa, los dinteles y las ventanas con pinos recién traídos del mercado. A sacar los manteles, a traer el vino de lo profundo de las bodegas. Desde mi cuna huelo el rojo del fuego y de la sangre, bestias quemadas, los fermentos. Quién me librara para traerte y que juegues conmigo, dios, diosito, vestirte con mis encajes, dormir juntos, cerrarte los ojos pintados.

*

MAMÁ ME ENSEÑÓ las íntimas revelaciones. Cuando hablaba, bordaba destinos sobre las cosas, creaba diminutas presencias que ahora deseo, como si siguieran vivas. Sus dedos dirigían principios y ocasos, sartenes y botellas, rombos, brazaletes, dijes, argollas. A su lado aprendí el movimiento oculto de las lenguas, la filosofía del rompope, alquimias y otras decantaciones espontáneas. Con ella descifré la invención de mundos, a modo de los dioses.

*

CONTEMPLÉ en silencio las ceremonias del agua. Los chamanes se arrodillaban, encogían sus manos, las hundían en la ribera, elevaban plegarias. Luego se bañaban unos a otros, se quitaban las túnicas, abandonaban sobre la orilla sus ornamentos de plata, sus tocados de pluma de faisán, sus perfectos anillos. Vi aquellos cuerpos engastados en leche de diosa-madre-incestuosa bailar hasta la medianoche, cuando fueron a apagar las fogatas.

Después solo resuellos, estremecimientos de palomas.

＊

MI NOVIO era estatua de sal quemada, pequeño emperador de moluscos.

Cada sábado, al caminar por la playa, los trenzaba en un collar para mí, y cuando nos encontrábamos lo colocaba sobre el escritorio, nuestro espacio común, sin decir casi nada. ¿Te gusta? *Este de aquí lo hallé en la espuma todavía, era rosado al principio, hoy es blanco. Quizás mañana sea de otro color...* Con un golpe seco, el profesor daba inicio a la lección de matemáticas. Cálculos, operaciones, trazos rojos y negros, tan confusos. Durante el espanto, sentía tu pierna enredarse entre las mías, tu anarquía de siete años tras la madera. Nada importaba más que eso, ni siquiera los collares.

En su yodo maceré mi corazón temprano, el primero de tantos.

*

Los jardines detrás de la casa de mis abuelos eran esplendorosos. Durante el verano, por las noches, flotaban almas sobre los limoneros, conversaban entre sí. Cuando corría hacia ellas desde el portón, escondían sus rostros tras las ramas para que no las reconociera. La más purpúrea llevaba amapolas en los ojos. Desencajé las ramas, alcancé un pétalo, lo escondí bajo mi camiseta. Ahí estaba, tal cual, el iris de los cuadros: era Lidia, la bisabuela. Madre llamó a la cena, regresé, y cuando le quise enseñar, no había nada. Lo ajeno escapó donde su dueña. Nunca más la volví a ver.

*

CECILIA, de tus pechos emergí como una liana. Salvaje y contenta llené tus hombros de lágrimas, ayunos, del único sueño que pude sostener. Mientras hervía tu sudor en las cazuelas, yo fingía ser reina, procesionaba por la cocina probando cada potaje, robando flores de cilantro del mesón para mis andas. Quien no supiera encontrarnos por esas veredas, en el mercado, y descubrirnos filamentos de la misma corteza, trenzas de dios con olor a cebolla, semillas nutridas para el mismo segador.

*

MIS HERMANAS, sutiles princesas. Cada una gobernaba un ojo de mi madre: Ivanna el derecho, Janella el izquierdo. Cada primavera, muy temprano, antes de ir a la escuela, solían ir al patio con sus canastas a recoger ciruelas maduras, a mirar el sol. Yo, en cambio, recién despierta, tropezaba entre las buganvillas, envidiando sus camisones sueltos y los cabellos. Todo el día anhelaba sus lacitos de colores, sus medias blancas con crisantemos bordados por la abuela. Pero, al llegar la noche, mientras ellas soñaban bajo angelitos de porcelana, me escapaba de nuevo al patio vestida con un camisón, con sus medias, rebelde...

*

MEDIODÍA. Yo escapaba a tocar tu corazón.
No había ventrículos, ni arterias, ni pulso.
Pero sí un furor amarillo, estático.

*

En una sala vacía, mi amigo y yo jugábamos con flores de tela y pajaritos disecados. Era la hora del recreo, agosto, hacía calor. A pesar de todo, la luz del sol se infiltraba por las cortinas, iba directa a mi amigo, sus rizos brillando como una aureola. Dejamos por un momento nuestros tesoros y nos dedicamos a hacer sombras con las manos: dragones, conejos, delfines, lo que sea. De repente, apareció entre nosotros un hombre alto, animal siniestro. Me tomó de la mano, me llevó consigo, se abalanzó sobre mí. Sentí por primera vez el vientre masculino, uñas surcándome la espalda, arando en sangre, labios partidos marcando territorio. Nada más.

Me descubrí abierta sobre nuevos lagos, poco profundos, de orillas discontinuas.

Pagué mi cuota. Fui hecha mujer.

*

MANOS JUNTAS, oración vespertina. La hermana de mi madre nos reunía para arrodillarnos ante el fuego. Éramos, como en vidas anteriores, vírgenes vestales tendiendo a la ardiente diosa, adivinas del silencio, vértigo presintiendo la agonía de las cosas. En eso llegaron los ancianos del pueblo trayendo mitras y diademas para coronarnos. Por los delantales supe que venían del matadero. Atrás de ellos venían sus hijos con cabezas de palomas, huevos, entrañas oraculares. Cada entrega merecía una bendición, un futuro. Y tornábamos los ojos, pegábamos gritos: *ahhhh, ahhhh, te casarás..., quedarás soltero..., tendrás dos mujeres...* Reverencia de algunos, desilusión de otros. Regresaban pronto a encerrarse, para olvidar. Nosotras frotábamos leñas secas para mantener la fogata.

*

EL BRILLO escarlata, las uñas, las barajas, diez lunas hundidas en la cutícula. Matriarcas absolutas beben sus cafés de las seis mientras se vigilan, entre sí, por el número mayor. Dos de corazón, cinco de espadas, siete de diamantes, suenan las cartas como peleas de gallos, pero aquí no se derraman ojos ni gritan hombres azuzados por monedas: los niños miramos desde palcos improvisados, el queso y las roscas son devorados poco a poco, gatos famélicos suben a los anaqueles para atrapar moscas. Quien gana la partida suelta una carcajada. Las otras se coagulan, convergen, piden revancha. Hasta desvanecernos.

*

Un ángel me guio hacia las cavernas donde habitaba el crucificado. Sus heridas supuraban rubíes, granates, fulgurantes peces. Yo me acerqué con un cáliz para recoger alguna piedra preciosa, algún animal de sangre. Pero todo lo que pude alcanzar fue un ojo de dios ennegrecido.

*

VINIERON ILUSIONISTAS al circo de San Felipe. Desmontaron carpas, lunas de cartón, banderas azules; bajaron de los carruajes tristes mujeres contorsionistas amarradas a leones y elefantes. Al enterarse, los vecinos fueron a presenciar el espectáculo. Algunos tenían deseos de llevarse a las contorsionistas, hundirles zafiros en los pezones, adornarlas con guirnaldas de semen. Otros calculaban, con sigilo, las ondas rubias en sus cabelleras. El enjambre de niños alegres, tiranos, gritaban para que salga el mago Arnolfo y su séquito de hadas, emanando de entre los telones, por fin, al acabarse las funciones de rigor. Dio rienda suelta a su pléyade de ensoñamientos, por un instante nadie apartó los ojos hasta que aplaudió tres veces, tembló la tierra, se inauguró el infierno.

*

Mi tía Lilí caminaba por las esquinas de la sala, exorcizando copas y ceniceros. Frente a los fondos pulcros de las ollas se prendía cabellera, uñas, labios, pestañas; agarraba fuerza, soltaba humos, inciensos. A veces parecía un serafín, de esos que engendran volcanes en el ombligo de la tierra. Otras veces, serpiente coronada. Supe, mucho después, que se alimentaba con rúculas, codornices, vírgenes, carne tierna; que infundía sus jugos en los caramelos que nos daba. Y que en la solapa llevaba prendido, como una joya más, el ópalo de la resurrección.

HEREDAD de mi padre, lóbrega arcilla. Los árboles apenas aparecían entre la maleza cuando llegué, a mis siete años. Recuerdo el cielo amenazante, sus centurias de nubes posadas sobre palmeras: cada sobrevuelo era un nuevo tumulto, paraísos atestados de muertos, uno tras otro, conquistándose. Busqué refugio entre las gallinas. Era la época del apareamiento. Sus plumas, como almas, cubrían enormes piscinas que habían excavado para el estiaje. Me escondí bajo los últimos nidos, al fondo, para no oír el resuello de los gallos. Agarré algunas hojas secas, inventé una apurada máscara. Pero al verla se acercaron los animales, copularon conmigo. Extraña, fecunda, hundí las uñas en mis clavículas hasta sentir hueso. Encontré el instinto, encontré. ¿Quién pasara ahora y me viera, capitana de orgías? ¿Quién, en la recién perdida inocencia?

*

Semana Santa, Santa Semana. Mi abuela peina a Cristo para su entierro. Desde mi banquito no aparto la vista de sus manos trenzando amapolas de tela y palmas de oro en su corona de espinas; le perfuma con mirra y otros ungüentos para que no perciba el hedor de la tierra. Una vez adornado con espléndidas mortajas, toda herida recubierta de primoroso hilo, Cristo es sumergido a la cripta, al inframundo, hasta el día de las fiestas cuando lo izarán nuevamente, espolvoreado y coqueto, para presidir los festivales de la Pascua.

*

PERROS NEGROS corrían, histéricos, hacia la blanca pesadilla. Mi tía me arropa con gajos de eucalipto para que ningún animal o espíritu irrumpa el lecho. Quema salvias, adora dioses, invocando la protección de alguno de ellos frente al invisible tabernáculo. Detiene el aliento de los campos para escuchar. Se fija en sus péndulos, balanceándose no muy lejos de la mesa de noche. Cuenta sin decir la cifra, murmurando.

*

VENUS, madre de panes y sopas, las franjas curtidas por el sol y la lavanda hacen resurgir tus cabellos santos, no los pierdas, ¿ves? Hay uno enroscado en el vaso, otro en el viche, tres en la franela roja con que limpias la mesa, y más en los muebles, y otros tantos en la cama donde dormías con tu señor muñeco y sus hijos de saliva. No los pierdas, que te quiero tanto con tu espesura de plata quemada, tus esmeralditas europeas, tus blusas almidonadas con los botones de carey… Voy a reunirlos todos, de entre cualquier rincón, y cuando me vuelvas a poner en tus rodillas te los repondré, entre estrépitos y jugarretas, ajá, quedarás lista…

*

Difuntos bullen bajo la cal de las islas. Su carne estrangulada cubre las corvinas recién traídas, y a los cangrejos, al rasgo plateado de las redes. Viajar se vuelve más inútil. Ya nadie me reconoce bajo la aspereza. Tiendo a escribir registros de mis vidas pasadas, oraciones sin sentido, mido el tiempo que llevo entre un ligamento y otro para entender el origen del dolor. ¿No es esto lo que me he esforzado en construir? Un espacio donde suspender mis muelas, un sonido parecido a la música, saliva más dulce.

*

BROQUELES sagrados, el vientre. Se libraron guerras bajo los surcos ensangrentados del atardecer. Las tiendas de aquellos desconocidos soldados, extendidas sobre la inmensidad, irrumpían el verdor de los valles donde hace siglos se adoraban planetas. Al convocar el descanso el cuerno enmudeció, las voces se disiparon, gemidos de amantes abandonaron las gargantas de sus dueñas. Entonces, en el silencio mayor, cruzó un príncipe travestido, escapando con las sirenas hacia las naves de batalla. Sacudieron, descaradas, las colas, sujetando engranajes y perlas en el cuello. Arriba, arriba, pabellones con emblema de Saturno. Y los abismos, todavía sujetos a la neblina, daban cubierta.

VENTRÍCULOS de metal, Nueva York. Bajo las escaleras, me acoges en tu sistema nervioso. ¿Qué calle taladrarán en ti para estremecerte? ¿Qué órgano tendrán que extirpar para que te hundas como nosotros? Toco tus cisternas, doy de comer a tus ratas, abrazo los rieles. Pericardio de petróleo, Nueva York. Me escalda el neón de tus rascacielos. Las aceras se escarchan luego de tres años sin nieve. No soy más que una espectadora, una célula, escapando a esferas veloces u oficinas del desencanto. Respiro hondo, no quiero partir(me), llega el tren. Un esófago, humano esta vez, me da la bienvenida.

I've arrived, after all. And the next day shall pass just the same.

*

Entrando a los aposentos te admiré espeso, delicioso, sobre el latón dorado. Me dijiste que habías untado tu piel para la vigilia. Del este, del oeste, vendrán a rendirte tributo; con diademas y cálidos licores que caerán entre los dedos de tus pies. No resistirás la urgencia de sus cánticos, el clamor, la fragilidad del lapislázuli.

Los graneros rebosan de uvas, trigo, néctares de lujuria.

*

TE TRANSFIGURABAS entre mis dedos. Tus músculos de harina escapaban a mi boca, se blanqueaban en mi vientre. Arribabas para las salvajes estaciones. Algunas veces te llamaba dios, sobresaltada. Parecía que no acabarías jamás.

*

HA LLEGADO la hora del florecimiento. Los naranjos están quejumbrosos, excitados, derramando alelíes para frentes de novias, para bocas de no-nacidos. Estoy abajo, recostada, abierta, imaginando el vaivén de la menstruación, dolor de entraña, rojo vivísimo. *Mañana encontrarán bajo mis sábanas el más antiguo vino de la tierra; me olerán perfumada, fecunda...* Lo repito como jaculatoria, como poema. Cierro los ojos. Hundo salvias y pistilos en mi vulva ausente, lloro, nada pasa.

Solo el lejano sonido de una sangre que corre.

Y los alhelíes.

*

Hermosos los años del castigo. Castigar cuerpo con hambre, rostro con pinzas, piernas con cera; dejar que sangre y pus fluyan de cada cráter como si dependieran una de otra para subrayar <u>belleza</u>. Seccionar, calificar, degradar, hundir en la luz todas las falencias posibles. Decir: *cuerpo mío enemigo, inscribo tu futura podredumbre bajo el libro celeste de las guerras, muero de ti, por ti, cuerpo-grafiti, esbozado en la perversión con que me han mirado.* Y seguir, así, desfigurando mi naturaleza hasta la tan anhelada artificialidad.

mujer-limite, mujer-peluca, mujer-rubor,
mujer-pastilla, mujer-taxidermia, no-mujer

Escapar de mí sin ser yo, hasta que suene la alarma y vibre la línea verdadera. En el polvo de mi madre volveré a completarme.

*

FRENTE al dios espejo me acuso.
Traiciono el reflejo que tendió para mí.
Ninguno lo ha visto. Nadie lo conocerá.

(En él mi sexo, humano e inhumano, relumbraba como
un relicario).

*

ERAS CAZADOR en los montes. Tu alforja, bajo la dulce lana, escondía zarzamoras, capulíes, lúcumas maduras, hojas de eucalipto. Todo tu cuerpo exudaba vapores de vino dulce, como si te hubiesen vendimiado de los huertos monásticos. Fuiste hacia el sol y regresaste desde la luna. Enhiesto de alegría me mostraste el fruto de tus arcos: severo, majestuoso, del color de la noche. Sangre manaba fresca todavía por los puntos de las flechas. Tomaste un cuchillo para arrancarle las garras plateadas y hacerte con ellas una armadura. Luego le cortaste las alas, arropaste con ellas mis pies. Y me inundó el calor de sus brillantes plumas, de su piel arcana. Me dijiste: *cuando matas a un cóndor, matas a un dios.*

*

A VECES venías, junto a la lluvia, con tus iguanas profetas. El parque las había alimentado, pero guardaron para ti los hibiscos. Llegaste aquí, me ofreciste uno. Las damas de bronce hervían. Pero no, no quiero. Volviste a colocarlo en el ramo. Patas de iguana bendijeron la enfermedad que pasaba, cerraron puertas, se enroscaron en las columnas del palacio. Clausurando esta lividez que se desliza por mi entrepierna.

*

POR MIS PIES, inquieta, mi gris guardiana amenazaba frutas, disipaba murciélagos, ladraba, presentía. Algo más iba a aparecer entre los mangos, alguien. Así, en la brevedad de una invocación, un hilo alucinante atravesó mis rodillas: liebre, liebre, liebre, o gata ánade, o basilisco de cabeza roja escabulléndose hacia un encierro. Quería que me arrastrara con sus patas andróginas, que exponga alguna magia, rito o sortilegio para reencarnar, que apacigüe compañeros rapaces para mí. Siguió de largo, sea quien haya sido. Continué tendiendo a los mangos.

*

Emilio

        Andrés

                Sebastián

hombres zurcidos del costado materno,
hijos de la extinción.

Las vísceras que los recibieron entreabren sus polvos,
guardan para ustedes el cántaro más preciado. Y cuando
el desdoblamiento hunda entre sus pies la herencia para
mí guardada, tatuarán en sus palmas el dígito armonioso.

Emilio

        Andrés

                Sebastián

ofrecemos esta mugre, este destino fatal.

No veré las espinas dorsales que torcerán en ambulan-
cias. No cubriré, en silencio, los orificios portados como
dádiva y que han cesado de repetirse. No escucharé sus
estertores de embriaguez.

Emilio

        Andrés

                Sebastián

      nos posarán sus manos.

Y al entrar mi fósil en la viscosidad del yeso sentiré
otra vez sus átomos de niño, los saludaré con el gozo
de mis faldas. Ustedes, igual que antes, virarán el rostro.
Cobijarán el olvido.

*

Vienen, ya vienen, por el cielo, los caballos verticales, sus jinetes, sus vertiginosas lanzas, resplandecientes y sensuales. A hondar, entre corazones de frutas, los edenes que perdieron durante el exilio. Sus pisadas dejaban rastros de incienso, humaradas, constelaciones ambiguas. Recién habían incendiado el país de la muerte. Después de recorrer todo árbol, raíz, arbusto, solo encontraron ovarios de niñas bajo las hojas. Los pelaron como rubias ciruelas, carnales, jugosas, casi vivas. Comieron. Bebieron. Y galoparon de vuelta. Hacia la ineludible mañana.

*

UNA NOCHE, murió el abuelo en vómito de sangre. Estábamos lejos. A la medianoche tañeron severas resonancias desde las tinieblas que rodeaban al carro. Pero nadie lloró. Llegamos al cementerio, recogimos a la abuela, fuimos a su casa. Todas las mujeres levantamos vigilia, sin que faltase nadie. Buscábamos las lágrimas, té de tilo, cuencos de plata, ramas de acacia por si acaso haya que embalsamarlo. Bajo la panza, la abuela traía los ojos del abuelo. Enseguida los pusimos en un frasco de aceite. *Ya mismo iniciará, dijo mamá.* Nos sentamos en círculo alrededor de un altar. Y conversábamos, entre nosotras, en idioma de viudas.

*

LO IBAN A LLEVAR cuatro ángeles al huerto de olivos, donde se entierran a los varones. En el pequeño cofre ya iban apagándose los huesos. Nada me podía decir. ¿Qué diría el abuelo al verse de nuevo en otra jaula, otra oscuridad? Su voz, hecha memoria, canta nuevas épicas de muerte al compás de tres cuartos, con su requinto de cedro joven y un cigarrillo. Lo escucho cantar, fumar, sonreír. Con su boca desaparecida.

*

PASARON DOS MESES. La tía siguió al abuelo en el oculto tránsito. Se había escondido de nosotras para morir, bajo las hiedras. El aroma a palosanto nos indicó su ascensión. Sus pezones, perfectos y redondos, empezaron a llorar una miel opaca, muy fragante, que llamó la atención de las hormigas. Llevaron hojas, piedrecillas de rio, pétalos de lobelias y campanillas para erguir sobre ella su basílica de azúcar. Trabajaron doce jornadas, sin descanso. El esqueleto quedó adornado para los cultos.

*

Letty

Tía, eres tú, amortajada de nísperos.
Cuelgan de ti como frutos de la muerte.
Tus cabellos ya no se alzarán
para transgredir el pálido horizonte
donde emergiste por primera vez.
Se apagarán los fogones,
te llevarás los confites,
en la fuga asaltarás los enebros,
las jaulas, los canarios.
Romperás una brecha en los cielos.
Las uñas te brillarán como estrellas.
Desde allá celebrarás tus fantásticos funerales,
feroz y dulce, incitadora de nubes.

*

Lastenia

Gestora de patriarcas borrachos y robustas afroditas, con las manos siempre fuiste esclava. Atar, mecer, cocinar, lavar, planchar, barrer, trapear; hasta el último de tus hijos llevó a la adultez la boca llena, la espalda limpia, sin azotes. Doce, como los apóstoles, y tu esposo mesías te lascaban las rodillas con varas de membrillo hasta que desapareció la casa. Al final, con el candelabro bohemio que sostenía tu madre en las iglesias, dormiste. Dormiste como los justos, quien lo diría, evaporada tras el humo de los fogones que calentaban la cena. Ojos abiertos, grises, pregoneros de cenizas. Madrugada benigna. Las caderas relucientes, como antes de parir.

*

Rubén

Niño púrpura, niño rosa. El cuerpo se te hizo estrella bajo sábanas de hospital. Nunca vi tu corazón detenerse, ni tus alitas de azúcar en última exhalación. Pero no demoraste en venir a la ventana, tocar el vidrio, descubrirte el pecho púrpura, las tetillas rosa. Defendiste tu ausencia sin remordimiento, como si nunca hayas sentido, explicando que te aburriste de tu voz, que las orejas te pesaban, la necesidad de tus pantalones de una larga siesta en el armario, cosas así. Te dejé hablar. Tu silueta rosa, tus besitos púrpura: no dan tregua, niño. ¿Acaso pedías permiso para irte? ¿Y si te decía que no? Porque nos faltó el ramen, los libros, un helado en la esquina. Me anestesiaste con pociones púrpuras, delirios rosa. Ve, ve. Ya te atraparé en algún jarro, en algún holograma, en alguna dimensión. Tramposo.

*

ALGUIEN ha de entrar, despacio, en nuestro cuarto de hospital, con sudarios, carbones, y las pepas de sahumerio que tanto nos gustaba quemar en las barandas. Se sentará a tu izquierda, me mirará fijo, como si supiera. Nos traerá fotografías de cuando yo no era niña y tú no eras madre. Calibrará cada una de nuestras canas para saber cuántas espigas trenzar. Y con un tono de harpa, casi discreto, empezará: *mi madre y yo tomadas de la mano íbamos por los senderos de la huerta...*

*

Iba a amanecer. Las lenguas afloran en misterio. En mí, avivado, el incendio de la estirpe. Las mujeres ya habían marchado, más allá del mundo, dentro de mí. Anhelaban el día de la gloria. Yo las llamaba a cada una por su nombre: *Leonor, Gisela, Lidia, Magali, Lilí, Venus...*, pero se cubrían para que no las alcanzase, por si acaso viniera el día de la gloria.

En capillas interiores levanté cirios, hojas de laurel, medallones de bronce con divinidades agrestes pintadas al óleo. Cada invocación alcanzaba a tocar la niebla, corrompía máscaras, sexos de ángeles, el torso desnudo de dios. Nadie sabía cuándo en realidad sería, si era verdad. Atravesé selvas de jade, frondas de esmeraldas, veranos enteros. Quería conjurarlas a todas, que vinieran, sí, sombrías y doradas, para que comprobaran por sí mismas la proximidad.

El día en que ellas brotaron del corazón de las llanuras lo puedo evocar, vívido: dentro sus vestidos danzaban antiguos astros que nunca llegaron a su fin; migraban de un meridiano a otro, entre las venas, irrumpiendo sus vaporosos senos. A veces no las dejaban amamantar a sus hijas. Giraban impasibles, como si de pronto fuera a ocurrir. El día de la gloria.

El día en que ellas brotaron del corazón de las llanuras lo puedo evocar, vívido: dentro sus vestidos danzaban antiguos astros que nunca llegaron a su fin; migraban de un meridiano a otro, entre las venas, irrumpiendo sus vaporosos senos. A veces no las dejaban amamantar a sus hijas. Giraban impasibles, como si de pronto fuera a ocurrir. El día de la gloria.

Cuando eran las verbenas, al acabar el año, salían a la calle con los cabellos adornados de magnolias. Destilaban esencias. Yo me apuraba en recogerlas en minúsculas vasijas que fabricaba el abuelo. Iba alegre a encender las lámparas, celebrando, como si hubiera estado la que tenía que pasar con su inmaculado vestido y sus cristales. Consorte del día de la gloria.

Ya no están. Lidia, Lilí, Magali, Leonor, Venus, Gisela. Sus ojos de cisnes acicalados en la balsa del perseguidor. Las siento vibrar, ahora, gozosas. Han inventado fieras y coronas para que juegue, sí. Han bordado túnicas, brocados, sábanas para envolverme, sí. Preparan el día de la gloria.

La madre está pronta. Va a partir. Hacia el remoto cielo de mis vísceras. Mi pequeña, sagrada señora.

Me dice: *Ya está el límite, ahí, la línea casi invisible.*

Me señalaba algo en lo alto, un poco más acá del equinoccio. Lo reconocí. Ese era, al fin, el día triunfal, la gran epifanía. Rápidamente nos levantamos, como en los tiempos del destierro. Comenzaba la última visión, la emoción última. Era la hora de la gloria. Nuestros cuerpos estaban en punto, bullían, se agudizaban, rompiendo ataduras de otra vida.

Vamos al gran día, sí. Vamos a los días de la eternidad.

ÍNDICE

Este libro se terminó de editar el 11 de enero del 2025,
sexagésimo cumpleaños de Hady García,
madre de la autora.

«Yo me aferraba a tus rodillas,
a tu cintura sacra,
de donde me desprendí un día
para quedar entre tus manos blancas.
Y ahora, ¿qué?
Vuelve y vamos juntas
por la noche oscura,
por la luz del alba.
Dirán: Ahí va una hija con su madre
y una madre con su hija,
hacia el nunca más. Hacia».

Diamelas a Clementina Médici, Marosa di Giorgio

Yo te Libero

Agradecemos, una vez más, la confianza a Victoria por acompañarnos en la aventura de editar su obra, de la cual se sintió completamente liberada una vez pulsó el botón de enviar. *Breve mitología del cuerpo original* llega a nuestras manos en el quinto aniversario de la editorial.